Der Wert der Birke

Gedichte

Kersti Yula

Aus dem Schwedischen
von Andreas Josef Keller

Bibliografische Information der Deutschen Nationalbibliothek:
Die Deutsche Nationalbibliothek verzeichnet diese Publikation in der
Deutschen Nationalbibliografie, detaillierte bibliografische Daten sind im
Internet über http://dnb.dnb.de abrufbar.

Herstellung und Verlag:
BoD - Books on Demand, Norderstedt

ISBN: 9783739215945

Umschlagsgrafik: Kersti Yula

Wüstenregen

Ich kam in eine Wüste.
Wie geschah das?
Still und leer und trocken
war es dort.
Nichts konnte wachsen.

Dann kam die Nacht
die Gesegnete
mit samtener Dunkelheit
und einer Art Feuchte.
War es Regen?
Die Wüste verschwand.
Wie geschah das?
Die Nacht verwandelte den Sand
in dunkle, weiche Erde
bereit zum Erblühen
und den dämmernden Tag.

Es gibt

Es gibt einen Ausweg
stärker als Wasser
das rege sickert
in den Schatten des Lichts.

Es gibt ein Licht
dass nie erlischt
das sogar leuchtet
aus den Ritzen im Boden
als ob es aufgehoben wurde
aus einer entschwundenen Zeit.

Es gibt einen Frieden.

Glaube

Der Sinn des Lebens
ist zu suchen
der Sinn des Lebens ist
nicht genau zu wissen
ist sich voranzutasten
im Dunkeln
wie ein Blinder
der doch weiß.

Glaube dass das Leben
alles
bereithält für dich
du Suchender
mit geschlossenen Augen
der bald
das Licht
erfahren wird.

Ich bin es

Du warst es der kommen sollte
aber wir verstanden es nicht
so anders warst du
entgegen allem was wir uns vorstellen
konnten.
Ein Obdachloser mit rotblauen Händen.
Dir fehlte ein Vorderzahn
und dein Geruch war verstörend
Einer von diesen Geringsten.
„Ich bin es".

Die Lebensklage Hiobs

Gib mir ein Zeichen
deiner Liebe
ein einziges.

Gewiss bin ich ungerecht.
Das bist Du doch auch!
Gewiss bekam ich Liebe
von Kindern, von Tieren
und dem einen oder anderen Fremden.

Gott weiß
was mir fehlt.

Im Dunkeln ruhe ich mich aus
allein.
Und doch ist das Dunkel
das schonenst Mögliche.
Es verbirgt mich vor der Welt
und meinem eigenen, forschenden Blick.

Du verurteilst nicht den
der sich im Dunkeln aufhält.

Erst wenn das Licht mich trifft
wird es kritisch.
Da sehen alle.

Abend im Paradies

Das Paradies von dem du träumtest
Hier ist es
Der See wie schimmernde Seide
Das Licht über dem Land
Der Wind liebkost die Kornfelder
Genau dieses Gefühl
Du spürst nichts
außer dem was dir zu spüren
gegeben.

Die Dämmerung legt sich über das Bangen
Der Tag verstummt langsam zur Nacht
deren Schwarz dich sucht.

Der Wert der Birke

Die Birke ist Gold wert
und das weiß sie.
Schon im Juli
ist die Birke bereit
ihren Reichtum zu opfern.
Großzügig lässt sie dann
ihre Münzen fallen
in goldenen Wehen
bis sie dasteht
mittellos und frierend.

Die Natur ist nicht gerecht.
Gott ist nicht gerecht.
Warum wurde gerade die Birke auserwählt
für diese
aufopfernde Rolle?
Das fragst du vielleicht
und bekommst keine Antwort.

Die Birke stellt keine Fragen
sie lässt einfach die
Blätter fallen.

Wer weint

Wer weint meine Tränen
in der Dunkelheit?
Wer lässt meine Augen überfließen
ohne dass ich es will?
Die Nacht ist mein einziger Zeuge
aber ich
erfüllt von einer Gewissheit
die beruhigt
und mich sicher macht:
Ich weine
nicht einsam
Denn da bist du
Rabbi.

Null Kontrolle

Hast du die Lage unter Kontrolle, Gott.
Alle die geboren werden und alle die
sterben.
Schon alle Obdachlosen
die umherirren
richtige Obdachlose meine ich,
es sind ja eine beträchtliche Menge
auf die es aufzupassen gälte
wenn du dich kümmern würdest, Gott.
Und daran zweifle ich,
Stark.
Starker Zweifel
ist ja eine Art Glaube.
Ich bin der festen Überzeugung
du hast
null Kontrolle.

„Wir sind alle Mutter Gottes, denn Gott muss immer neu geboren werden"*)

Lasst uns einen neuen Gott gebären,
einen Gott der uns wohlgesonnen
und zuverlässig ist.
Obwohl.. wenn man so nachdenkt
sind wir vielleicht selbst
die Götter nach denen wir uns sehnen.
Lass uns umeinander
kümmern.
Es braucht wenig mehr.

*) Meister Eckhart (1260-1327)

Die Vögel wissen

Die Vögel wissen
welchem Zweig
sie trauen können
wissen wo sie
normalerweise
Futter finden können
wissen wann sie fliehen müssen
und wann sie
Zutrauen haben können.
Wenn Gefahr droht
und
wer ihre Feinde sind.
Das wissen die Vögel.

Aufbruch

Im Frühling soll man aufbrechen
wenn das Licht einen trägt
und es Hoffnung gibt
dass alles immer heller wird.
Man kann sogar
nach dem Norden ziehen
wie die Zugvögel
in das sonst Dunkle und Kalte.

So sind wir, obwohl viele, ein einziger
Körper
so schnattern wir alle auf die gleiche Weise
so zieht es uns zueinander
und suchen einen der uns führt.

Aber da.
Plötzlich.
Bricht einer aus
aus der geordneten Formation
verlässt die Sicherheit im Schatten des
Nachbarn
und kämpft sich frei
in die Sonne.
Einsam.

Wie soll das gehn?
Der Gegenwind ist stark
und die Schreie der Zurückgebliebenen
sind ohrenbetäubend:
Komm zurück! Du schaffst das nicht!

Nicht?
Nein, vielleicht habt ihr recht.

Aber wenn ich zu Boden gehe
mit gebrochenen Flügeln
so hab ich doch wenigstens gespürt
wie sie sich anfühlt
die Freiheit.

Du bist richtig

Du bist genauso gut wie sie
genauso wertvoll wie sie
Deine Worte müssen nicht schwerer wiegen.
Lass keine Abdrücke zurück
lass sie vom Meer überspülen
wie Fußspuren im Sand.
Fang neu an
gleich der Venus
steige empor aus dem Wasser
ein neuer Mensch
mit neuen Möglichkeiten
anders zu werden
als sie erwarten.
Tritt hinaus ins Licht
und atme
aus und ein
atme deinen Geist über sie
atme und tanze am Strand
ohne Spur von Vergangenem.

Du bist ein wundervoller Mensch,
hörst du, weißt du das?

Reich und Arm

Die Kaffeetasse
strebt gierig nach dem Licht:
"Sieh wie dünn und schön,
echtes Rosenthal!"

Ein Nasenflügel durchflutet von der Sonne
und porzellanbleiche Wangen,
wieviel bietet ihr dafür?
Eine lange Zeit von Hunger und Entbehrung
mussten diese Kinder überstehen
bevor es ihnen gelang
diesen speziellen dünnen Look zu
bekommen.

"Es gibt ja die, die nicht vermögen
echtes Rosenthal
zu schätzen."

Gedanken auf dem Weg

Makrelen kann man sie nicht nennen
die schwarzgrüngestreiften Unterhändler.
Aber nicht selten
springen die rechtwinkligen Antagonisten
zur Seite
und man weiß nicht mehr
was ist der Anfang und was das Ende
Freund oder Feind
wichtig oder banal.
Der Regen hört nicht auf
und ein Zug wartet auf den anderen
die Unterwelt ist nah
nur eine einzelne Kehle blitzt auf im
Dunkeln.

Pause im Regenland.
Der Zug hat ausgewartet
und es gab keine Kollision
auch diesmal nicht.
Alles perfekt geplant
und vorher durchdacht.
Keiner weiß was die Makrelen
eigentlich denken
obwohl sie den Haien ähneln
und ebenso schnell töten.
Verzweifelt ist ein Wort
das mir einfällt
wenn ich an mein Leben denke.
An das von allen.

Niveauunterschied

Die diagnostischen Werkzeuge
sind zur Einheit down geladen worden,
teilt mir der Computer mit
in seiner unbegreiflichen Sprache.
Etwas ist geschehen
-eine Kleinigkeit will ich es nennen-
Irgend jemand versteht sicher, was.
Ansonsten ist es nahe daran
dass die artifizielle Intelligenz
-sozusagen auf einem anderen Niveau-
den überlegenen Menschen übertrifft.
Das Erschaffene kann nicht länger
verstanden werden
von seinem Schöpfer.

Vorm Fenster

Sacht fällt Schnee. Vögel
eilen hin und her. Der Nebel
verzieht sich über 'm See. Aber
er ist immer noch grauweiß
an den Rändern
und in der Mitte
blaugraue Aufruhr.
Die Hecke steht
wie ein versammeltes Heer
brauner Soldaten
gegen den Schnee.
Das Fenster ist geschlossen. Alles
ist still.
Nur ein leichtes Knistern im Kamin.

Das Schwelgen im Moose

Des Blaubeerhügels helle grüne
Blätter die Einladen zu Pflücken
Beeren, feucht und fast schwarz.
Dorthin sehne ich mich zu gehen
ohne zu fallen oder straucheln,
sehne mich zu klettern
über moosbedeckte Stümpfe,
zu atmen den Duft von feuchtem Wald.

Bekäm ich nur eine Stunde
würde ich gierig schwelgend,
sitzen in der Lichtung und genießen.

Weinen kann man hinterher.

Das Unbekannte

Das Haus in dem wir wohnten
war uns wohlbekannt,
darauf verstanden wir uns.
Graugetönt
aus Vitriol und Wasser,
5 Prozent davon Gift
das wussten wir,
das Handwerk beherrschen wir gut.
Aber das Weinen
das über uns hereinbrach
in der Dämmerung
wie ein Platzregen.
Die Gefühle
die herausbrachen.
Niemand verstand
was das ist.

Ohne Wurzeln
(Der Seerose gewidmet)

Ich fühlte mich nie irgendwo zu Hause.
Deshalb fühlte ich mich überall zu Hause.
Wurzellos trieb ich umher.
Man kann nicht fest im Grund verankert sein
wenn man sich anpassen soll
an das Unerwartete.
Da dürftet ihr mir wohl zustimmen
all ihr Ahnenforscher, Historiker,
Archäologen,
um nicht zu sprechen von den
Psychoanalytikern.
Allem auf den Grund zu gehen
die Wurzeln suchen ist das was ihr wollt.
Zu Grunde gehen werdet auch ihr.
Glaubt mir.

Vielleicht

Gott soll ausspucken das Laue aus seinem
Munde
besser das Warme oder Kalte
nicht beides
kein ad utrumque parati.

Aber der Vielleichtmensch
Muss auch leben dürfen
sein zweifelndes, zerrissenes Leben.
Zu Ende, bis zum ungewissen Schluss.
Sie glaubt nicht daran etwas beeinflussen zu
können.
Es lohnt sich nicht zu planen.
Man kriegt das was kommt
und wie es wird kann man nicht wissen.

Sich zu entscheiden bedeutet Trennung
von einer Möglichkeit zum Vorteil einer
anderen.
Das vermag der Vielleichtmensch nicht.
Sich zu trennen ist für sie ein Greul
das große Schmerzen mit sich bringt
und großes Leid.

Sie weiß selten selbst
was sie tun wird
soll sie gehen oder fernbleiben?
Vieles spricht dafür
dass sie sich nicht entscheiden kann
dass sie hängenbleiben wird, dazwischen.
Hat sie trotzdem ihre Vorahnungen?
Vielleicht.

Der Agent

In unserem Haus ist ein heimlicher Agent
der hält sich versteckt wenn die Lampe noch
brennt.
Doch ist das Licht aus wird er mutig wie ein
Krieger
dann hält er uns wach und der Schlaf kommt
nicht wieder.

Was will ein Agent in unsereins Haus?
Hat er eine Botschaft? Auf was ist er aus?
Es flattert so schrecklich als wär es ein Rabe
Was macht er hier drinnen, was soll das
Gehabe?

Oft kriecht er sogar nah bis unter das Bett
man hoff nur er macht sich 's dort nicht all
zu nett
doch Schwupps wenn es dämmert ist er nicht
mehr da
nun frag ich mich schon ob es wirklich
geschah?

Erwartung

Vögel an meinem Fenster
Meisen, Finken, Drosseln
ein Teil wird verscheucht von ihrem Esstisch
verscheucht von den Anderen.
Solch Vielfalt und Farbenreichtum!
Und doch halte ich jeden Tag Ausschau
nach einem anderen, fremden Vogel,
vielleicht ein Unglückshäher
ein Hakengimpel
oder einem Pirol.

Das alte Gehäuse

Seinen welkenden Körper
hüllt man am besten
in zu große Kleider
und versucht sich zu schmücken
wie früher.
Vielleicht ein heller Schal
zu all dem Düsteren?

Dazugetan hast Du.
Nun gilt es abzulegen.
Abzulegen und zu verschwinden
dahin woher du eins kamst
Schal oder nicht Schal,
bald darfst du mit den Engeln tanzen.

Der Kopf leer
von Worten und Gedanken,
der Körper sendet Erschöpfungssignale.
Ich lege ihn aufs Bett.
Vorsichtig.

Dunkler Hintergrund

Kalligraphie des Schilfrohres:
goldene Schrift
auf dem Schwarz des Wassers.
Die Tage werden dunkel und kurz.
Aber das Schilfrohr leuchtet
als ob es von nichts wüsste.

Warum

Der Hase fragt sich nicht warum
im Augenblick des Todes
auch nicht seine erschrockene Gattin.
Nur der Mensch muss
allen Geschehnissen einen Sinn geben.
Im Gefressen werden liegt ein schwer zu
verstehender Sinn
vor allem für den den es betrifft.

Das Kieferdach

Die Kiefern im Dach säuseln noch
für den der hören kann
säuseln sie
Weit weg in der Tiefe des Waldes
haben sie ihre Wurzeln
auch wenn die Stümpfe gerodet wurden.
Sie sehnen sich danach
den Wind in ihren Kronen zu fühlen.
Sie sehnen sich danach
ihre Zapfen ins Moos fallen zu lassen
weich wie Sommerregen
und vermissen das Kitzeln der Ameisen
die auf und nieder kletterten
an ihren nackten Stämmen.

Das schöne Rindenmosaik
schälte man ab.
Und hier sitzen sie nun
fest zwischen Wand und Wand.

Die dunklen Astnarben
zeugen davon dass sich einmal
ihre Zweige zum Himmel streckten.
Nun säuseln sie leis
und sehnen sich ohnmächtig
nach der Liebkosung des Windes.

Auf den Spuren der Elfen

Bist du gegangen wo die Elfe getanzt
Hast Du geseh 'n ihre Spuren im Gras?
Hast du gefühlt wie sie bedächtig atmet
wie ein feuchter Wind über der Wiese?

Auf den Spuren der Elfen wachsen Rosen
die von der Liebe Glut verbrannt
und dieser Duft bleibt im Gesträuche
noch lange nachdem die Elfe verschwand.

Es ist luftig und leicht zu atmen
wo die Elfe ihren Fuß hat gesetzt.
Auch du bist verlocket zu tanzen
zwischen Nelkenwurzeln und Spinnennetz.

Bist du von Elfen und Engeln umgeben
da wanderst du sicher im Dämmerschein
sie geleiten dich heimwärts auf all deinen
Wegen
so wanderst du frei von jeglicher Pein.

Die Stimme des Baumes

-Du der du jung bist
setze dich hier unter mich
und lausche nach innen
auf die großen Geister
die in den Blättern flüstern
und du wirst hören
die tiefe Wahrheit
über deine Seele.
-Nicht jetzt antwortest du irritiert
Ich habe keine Zeit.
-Aber, entgegnet der Baum,
Zeit ist wohl das Einzige das du hast?
Jetzt.

Die mit geschlossenen Augen

Viele Menschen leben ihr Leben
mit geschlossenen Augen,
wie ich zum Beispiel.
Ich schließe die Augen
und lebe drauf los.
Hoppla, da war ein Loch in das ich fiel!
Wieder aufstehn, nicht hinsehn, nicht
weinen!

Unterdrückung hab ich nie gesehn,
war nie offenen Auges Zeuge davon.
Nicht mal in meinem Heimatland
China.
Am besten nicht nachsehn
wie alles zugeht.
Irgendeiner klärt dich am Ende schon auf,
und wenn es dass Letzte ist was sie tut,
deine Augenlider aufreißen
mit Gewalt.

Merkwürdig dieses Augenzumachen
so außerordentlich erlaubt.
-oder tadelst du mich,
du, der du selbst die Augen zu hast?
Sind deine Ohren auch zu?

Der Stuhl

Der Stuhl der sich in die Ecke verkriecht
hinein in die Wand will er
allem entfliehen
nicht mehr Stuhl sein
nicht mehr zu Dienste stehen
wartet auf Befreiung
wartet auf Erlösung aus seiner Rolle
macht sich platt
und träumt von säuselnden Bäumen
auf der anderen Seite der Wand.

Wintertag

Wie man den Sommer verschwenden kann!
Die Zeit, das Licht.
Der Tag geht nie zu Ende.
Aber nun:
Das Licht hat Eile
zu verschwinden
und der Sonnenschein
ein seltener Gast,
fast nie.

So ist das Leben
wie ein Wintertag
genauso kurz
und kostbar,
wie eine brennende Fackel,
eine kleine Unterbrechung
in der undurchdringlichen Dunkelheit.

Vergiss nicht.
Dass es meist dunkel ist,
vorher und nachher.
Nutze das Licht.
Freu dich so lange
dass du lebst.

Wenn alles schweigt

Durch das Tosen dieser Welt
höre ich dich nicht,
oder jedenfalls selten,
Gott.
Du bist so still,
Oh Gott, wie still du bist!
Du wartest vielleicht
bis auch ich still bin
oder das Tosen um mich her,
das es abflaut?
Das wird es wohl
wenn die Zeit gekommen ist.
Dann begegnen wir uns.
Wenn alles schweigt.

Bilder der Seele

Den violetten Duft aus
den tiefroten Kelchen des Rosenstrauches
ich trinke ihn
in vollen Zügen
verwahre ihn in der Erinnerung
um davon zu kosten wenn der Winter
kommt.
Dann liegt Schnee
mit dem unverkennbaren Duft von Wasser.
Es wird schwer zu erinnern
wie grün es war
und wie intensiv
die Rosen dufteten.

Ich gehe ein
in die wortlose
Landschaft
und meine Freude
ist größer als
das Meer.
Das Meer.

Du brichst Eisstücke
über meine zerbrechlichen Träume
und draußen
wissen die Schnecken nichts
von dem was kommt.
Nichts.

Betrachtung eines Rasens

Abgemäht wehen sich nicht mehr
Honiggras, Perlgras, Knäuelgras und
Zittergras
Riesen-Schwingel, Rasen-Schmiele, Rot-
Straußgras und Flattergras,
Rispengras, Glatthafer, Weidelgras und
Lieschgras.
Die Wiese ist verschwunden, man findet sie
nicht mehr.
Gestutzt bis zur Unkenntlichkeit
schämt sie sich zu zeigen.

Vielleicht wenn das Haus wieder zugesperrt
wird
und eine Zeit lang niemand mehr Gras mäht
bekommt sie eine Chance und zeigt sich
wieder
in ihrer vollen Pracht.
Dann wehe Gras! Wehe!

Man kann sich wundern

Man kann sich wundern
warum die Welt
aussieht wie sie aussieht,
wenn sich doch alle
so schrecklich darüber einig sind
dass sie eigentlich
anders aussehen müsste.

Zum Schluss

Müsste nicht
der brennende Garten
in sich zusammenstürzen
und die Mosaiken
des Brunnenbodens auseinandergesprengt
werden
wenn der Sturmwind
über uns fegt?
Und man nirgendshin mehr
fliehen kann?
Wir suchen Schutz aber finden keinen.
Alles bricht zusammen
und wir gehen unter.
Aber die Zuversicht
verlässt uns nicht.
Noch immer glauben wir
an ein neues Leben
in einer anderen Welt,
wo die Gerechtigkeit wohnt.
Der, der verderben soll
den der verdirbt
hält sein Versprechen.
Glauben wir.

Nur in der Erinnerung höre ich

Meiner Stille ruhiger Abend
kommt zu mir
wie anderer Abende
entferntes Tempelgeräusch
schwer von Wehmut und diffusen
Erinnerungen
wie ein Duft
oder eine leichte Berührung
mit der Rückseite der Hand
im Vorbeigehen
wie nicht/ und doch

Und der Menschen Reden
ein dumpfes Rauschen
das nie Form annimmt
in meinen Ohren
in meinem Hirn.
Far from the madding crowd
hab ich eine Zuflucht gefunden
ohne unterscheidbare Töne.
Nur in der Erinnerung höre ich
und da ist einer der herunterbetet
Vater unser.
Das Pathetische darin
macht mir nichts aus.
Ich bin eingeschlossen
in der Stille
einsam und draußen
Zufrieden und drinnen.

Es gibt einen Punkt

Es gibt einen Punkt
an dem alles zusammenfließt.
Alles geht auf in allem.
Du kannst nicht unterscheiden
Täter von Opfer,
den der leidet vom Zuschauenden.
Du willst es vielleicht,
weil du es nicht so unklar haben kannst.
Aber du vermagst nicht
gegen die Naturkräfte anzukämpfen
die machen das alles zusammengehört
und zusammenhängt
auf unbegreifliche Weise
aber doch deutlich.
Besonders für die Verwirrten
die mehr wissen als wir
und mehr als sie selbst glauben
wenn Gedanken das Bewusstsein trübt
durch ihre Vielfalt.

Das Flimmern

Ein bisschen Flimmern in der Kammer
kann wohl nicht so gefährlich sein.
Gut dass es irgendwo flimmert.

Was ist es dass da vorbeiflimmert?
Ein ganzes Leben
in eines ramponierten Herzens heftiger
Schlag.
Ein Konzerntrat aus Sorgen
und pulsbeschleunigender Freude.

Ein verrückter Galopp in einem alten Organ,
ein Muskel der Amok läuft
in verzweifelter Erregung.
Der Sturm vor der Ruhe.
der absoluten Ruhe.

Das Geschenk

Leben, das ungebetene Geschenk
ausgehalten bis zum Schluss
verlasse es wie ein unbenutztes Pfund
Vergraben im Garten.

Die Espe zittert und ein Seufzen
geht durch ihr Blattwerk:
Unzählige sind es die
noch einmal leben wollten
so sie nur die Chance bekämen.
Ich schaffe mit Müh und Not
das eine Mal.

Mach mich neu

Nimm mein Leben
mach mich neu
Schöpfer,
lass deine starke Hand
mich fassen.
Umarme mich.
Mach mich stark
in meiner Zerbrechlichkeit
Zielbewusst
in meiner Verwirrung
Mitfühlend
in meiner tiefen Trauer.

Gib mir die Freude wieder,
die in der Tiefe säuselnde.
Kurz gesagt
Mach mich lebend.

Vorschlag

Fleißig wie eine Ameise
will ich sein, Gott,
in deinem großen Hain.
Obwohl vielleicht ein bisschen
zielbewusster.

Nein, ich weiß!
Ich arbeite dran
und du bist zielbewusst.
Okay so?

Die größten Künstler

Die größten Künstler kommen wohl nie zu
Potte
kriegen nie ihre Verse bei der Post
aufgegeben,
zusammengestellt ihre Schriften
geordnet ihre Bilder
oder musikalischen Werke.

Welcher echte Künstler
hat eigentlich die rechte Begabung
weitreichende Kontakte zu knüpfen
mit geschäftstüchtigen Kulturbürokraten?

Das weiß ich

Die Schritte werden kleiner
die Spuren enger
die Bilder löscht die Dunkelheit.

Mein Licht
fast niedergebrannt
flackert beunruhigend
die Füße zögern unterwegs.

Aber das Licht wird kommen
das andere Licht
befreit mich,
das weiß ich.

Dann

Dann werde ich
gehen in grünem Grase
mit bloßen Füßen
ohne zu frieren
voranschwebend
im Morgentau
ohne nass zu werden
Nur im Hemde
gehe ich
im Graben unter Huflattich
oder sind es Sumpfdotterblumen?
Die Sonne leuchtet
ohne zu blenden
oder zu brennen
Der Tag ist klar
ohne mich zu bedrücken
mit seinen scharfen Konturen
Alle sind weg
und doch so unendlich gegenwärtig
Dann.

Ihr wollt bestimmt dass ich erzähle...

Wenn ich aus der Zeit gehe dann wollt ihr
wissen
wie es ist in der anderen Welt.
Aber die Zeit ist noch nicht abgelaufen
und die Allmacht überlegt noch
wie sie alle Seelen behandeln soll.
So weiß ich also leider nichts, befinde mich
in der Warteschleife.
Kann euch nichts sagen.
Ich vermute ich darf ein paar Extrarunden
drehen
um meinen Lebenskreis aufzupolieren.

Die Engel besuchen mich und sagen alles ist
OK.
Nichts muss wiedergutgemacht werden,
sagen sie.

Nichts kann wieder gut gemacht werden,
glaube ich.

An eine Schwester

Meine Schwester soll nicht weinen
kalt ist die Nacht
rau die Luft
die Menschen sind fort.

Niemand wartet auf uns an diesen Stränden
trotzdem ist es leicht allein zu gehen
wenn man das Bild seiner Lieben
in Erinnerung hat
Warme Blicke gesammelt
um sie zur Heilung auf die Wunden zu legen
Einverständnis und wortlose Freude,
Kinder und Tiere und Dinge zu besitzen.

Schwester in der kalten Nacht
gehst du mit leichtem Herzen
den Sternen entgegen und neuem Licht.

Inhalt